«Miles de millones de personas siguen las enseñanzas de Cristo y encuentran en Él la luz que guía sus vidas. Yo soy una de ellas».

REINA ISABEL II
Mensaje de Navidad, 2015

Su Majestad, la reina Isabel II

1926 – 2022

«Porque el Hijo del Hombre [Jesús] no vino para
ser servido, sino para servir, y para dar su vida
en rescate por muchos».

Marcos 10:45

Haz grandes cosas para Dios

Reina Isabel II

La reina que optó por servir

Alison Mitchell

Ilustrado por Emma Randall

B&H niños
BRENTWOOD, TENNESSEE

Cuando nació la princesa Isabel,
nadie se imaginó que se convertiría en ¡una reina!

Creció con su hermana Margarita y
vivía en una casa grande,
pero no era un palacio.

Isabel amaba los animales. Jugaba con los corgis de su papá y cuando tenía cuatro años, le dieron su primer caballo, un poni Shetland llamado Peggy.

Tuvo una infancia feliz. Pero luego, cuando tenía diez años, todo cambió...

El tío de Isabel, el rey Eduardo VIII, decidió que ya no quería ser más el rey. ¡Todo el país estaba sorprendido!

De repente, el papá de Isabel era el rey, el rey Jorge VI, e Isabel supo que se convertiría en reina después de él.

Ahora vivían en un palacio,
el palacio de Buckingham, en el centro de Londres.

En 1939, cuando Isabel tenía 13 años, empezó
la Segunda Guerra Mundial.
El palacio de Buckingham fue bombardeado.

No estaban a salvo,
así que, al igual que
otros 600,000 niños
en Londres, Isabel y
Margarita se mudaron
lejos de la ciudad.

La princesa Isabel sabía lo asustados que debían estar muchos niños, por lo que en 1940 dio su primer discurso público, en el programa de radio de la BBC: «La hora de los niños».

«Dios cuidará de nosotros», dijo ella.

Cuando tenía 18 años, Isabel se unió al Servicio Territorial Auxiliar, donde se entrenó para ser conductora y mecánica. Fue muy sorprendente que la futura reina hiciera eso, tanto así que los periódicos británicos la llamaron:

«La princesa que repara autos».

Cuando terminó la guerra, Isabel y Margarita quisieron

unirse a las celebraciones en Londres, así que

se escaparon del palacio para unirse a la multitud.

Isabel se escondió bajo su gorra, ¡y nadie las reconoció!

En 1947, Isabel se casó con Felipe. Unos años más tarde, cuando se encontraban de visita en Kenia, todo cambió de nuevo. El padre de Isabel, el rey Jorge VI, murió, así que, a los 25 años, ¡Isabel se convirtió en la reina!

El 2 de junio de 1953, Isabel fue coronada. Había más de 8,000 invitados en el servicio y grandes multitudes se juntaron en las calles conforme ella pasaba.

Isabel recibió las joyas de la corona para que las usara.

Pero no fue lo más preciado que se le dio.

En un momento del servicio se le dio «lo más valioso que este mundo brinda».

¿Qué fue? Una Biblia, la Palabra de Dios.

Isabel no solo era la reina del Reino Unido.
También era la principal autoridad para más
de 50 países.

En el pasado, muchas de estas naciones habían sido
parte del Imperio británico. Estos países ahora son
parte de la Comunidad Británica de Naciones.

La Comunidad Británica de Naciones era muy
especial para Isabel. Ella visitó casi todos los países.

Así como visitó muchos países, la reina conoció a mucha gente.

Winston Churchill

John F. Kennedy

Margaret Thatcher

Kwame Nkumah

Los Beatles

Conoció a quince primeros ministros británicos y trece presidentes estadounidenses, así como estrellas del pop, atletas y actores de todo el mundo.

También conoció a los maestros de la Biblia Billy Graham y John Stott.

Barack Obama

Tanni Grey-Thompson

David Beckham

Las Spice Girls

Boris Johnson

Pero Isabel conoció incluso a más personas que no eran nada famosas...

Durante su vida, la reina patrocinó más de 600 obras benéficas y organizaciones. Así como a Isabel le encantaba servir a los demás, las miles de personas que conoció y quienes forman parte de estas organizaciones benéficas tienen el mismo sentir.

Investigación contra el cáncer del Reino Unido

Organización nacional de guías scouts del Reino Unido

El museo nacional de competencia de caballos

Hogar para perros y gatos Battersea

La brigada de niños

La sociedad de Piobaireachd

La sociedad bíblica

Ser una reina debe ser maravilloso en muchos sentidos, pero también puede ser difícil. La reina Isabel era observada dondequiera que iba y la gente escribía todo tipo de cosas sobre ella y su familia.

En 1992, sucedieron tantas cosas difíciles que Isabel
lo llamó su «annus horribilis», que traducido del latín
significa «año horrible». Sus hijos adultos estaban
pasando por muchas dificultades. Y hubo un gran
incendio en su casa, en el castillo de Windsor.
Más de 100 habitaciones fueron destruidas.

Pero, aunque fuera un buen año o un mal año, hay una cosa que la reina siempre hizo. Cada día de Navidad, a las tres de la tarde, daba un discurso y millones y millones de personas en el Reino Unido y en la Comunidad Británica de Naciones encendían sus televisores para verla.

La reina Isabel dio su primer mensaje de Navidad en 1952. Se sentó en la misma silla que habían usado su padre, el rey Jorge VI y su abuelo, el rey Jorge V.

«Oren por mí —dijo—, para que Dios me dé sabiduría y fortaleza para cumplir las promesas solemnes que haré y para que pueda servirle fielmente a Él y a ustedes, todos los días de mi vida».

La reina hablaba con frecuencia de su fe cristiana en sus mensajes de Navidad. Estas son algunas de las cosas que dijo:

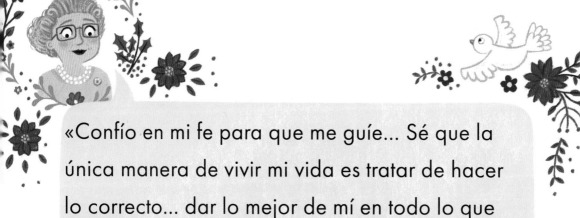

«Confío en mi fe para que me guíe... Sé que la única manera de vivir mi vida es tratar de hacer lo correcto... dar lo mejor de mí en todo lo que trae el día y poner mi confianza en Dios». (2002)

«Dios envió al mundo a una persona única, no a un filósofo ni a un general (por importantes que sean), sino a un Salvador, con el poder de perdonar». (2011)

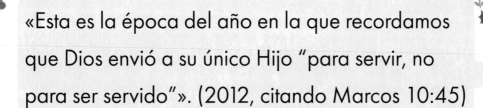

«Esta es la época del año en la que recordamos que Dios envió a su único Hijo "para servir, no para ser servido"». (2012, citando Marcos 10:45)

«Para mí, la vida de Jesucristo, el Príncipe de Paz, cuyo nacimiento celebramos hoy, es una inspiración y un ancla en mi vida». (2014)

El 8 de septiembre de 2022, la reina Isabel murió. La princesa que nunca esperó ser reina había sido reina durante setenta años. Fue la monarca británica que más tiempo gobernó en la historia.

Para la reina Isabel, Jesucristo fue siempre su «Salvador» y su «ancla». Ella eligió servirle toda su vida.

Reina Isabel II

1926: La princesa Isabel Alejandra María nació el 21 de abril. Aunque su abuelo era el rey Jorge V, su padre era el hijo menor del rey, lo que significa que nunca se esperó que Isabel se convertiría en reina.

1936: El tío de Isabel, el rey Eduardo VIII, abdicó. De repente, el padre de Isabel se convirtió en el rey Jorge VI.

1939: Cuando Isabel tenía trece años, estalló la Segunda Guerra Mundial. En 1940, el palacio de Buckingham fue bombardeado, por lo que Isabel y su hermana Margarita fueron evacuadas de Londres. Sus padres se quedaron en el palacio de Buckingham para mostrar solidaridad con los que vivieron el bombardeo en Londres.

1944: Cuando cumplió dieciocho años, Isabel se unió al ATS (Servicio Territorial Auxiliar). Se entrenó para ser conductora y mecánica.

1947: Isabel se casó con el príncipe Felipe el 20 de noviembre. Vivieron en Malta durante dos años mientras Felipe servía como oficial en la Marina Real británica.

1952: El rey Jorge VI murió el 6 de febrero e Isabel se convirtió en reina. A su coronación el 2 de junio de 1953 asistieron 8000 invitados. Una multitud de 3 millones de personas salió a las calles, y 20 millones de personas miraron el evento por televisión. Además de convertirse en la reina británica, Isabel era ahora la principal autoridad de la Comunidad Británica de Naciones.

1957: Isabel dio su primer mensaje de Navidad televisado.

1977: Gran Bretaña celebró el Jubileo de Plata de la reina (25 años como monarca). Millones celebraron con fiestas en las calles de toda Gran Bretaña. Hubo celebraciones similares para sus Jubileos de Oro (2002), Diamante (2012) y Platino (2022).

2022: El 6 de febrero de 2022, Isabel celebró 70 años como reina (su Jubileo de Platino). El 8 de septiembre de ese mismo año, la reina murió. Tenía 96 años.

La reina Isabel vio muchos eventos que cambiaron el mundo desde su coronación en 1953. También trabajó con quince primeros ministros británicos y se reunió con todos los presidentes de Estados Unidos desde Harry S. Truman (excepto el presidente Lyndon B. Johnson).

Los viajes de la reina la llevaron a más de 110 países en seis continentes, lo que la convirtió en la monarca que más viajó y la más longeva de Gran Bretaña. Durante ese tiempo, también patrocinó más de 600 obras benéficas y organizaciones en todo el Reino Unido y en la Comunidad Británica de Naciones.